まちごとチャイナ

Guangdong 004 Tianhe
天河と広州郊外

一体化が進む
「華南の扇へ」

Asia City Guide Production

【白地図】広州

CHINA
広東省

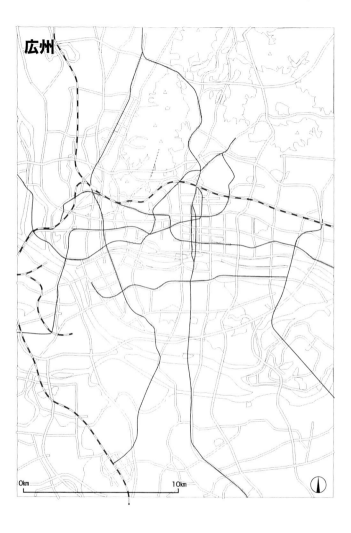

【白地図】広州中心部

CHINA
広東省

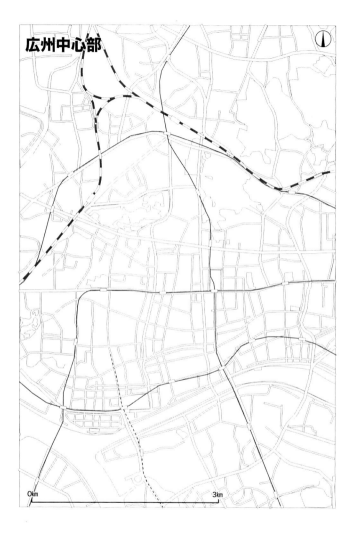

【白地図】北京路

CHINA
広東省

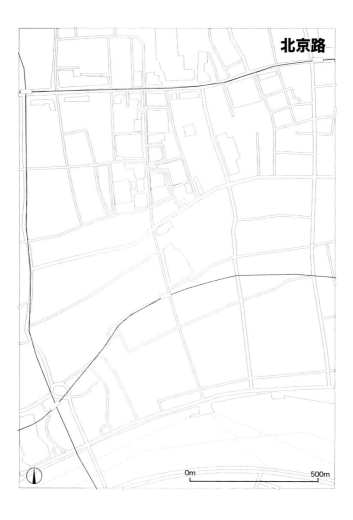

北京路

Tianhe

白地図

【白地図】烈士陵園

CHINA
広東省

【白地図】天河

CHINA
広東省

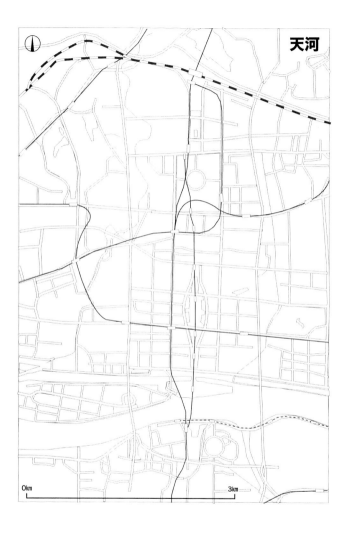

天河

Tianhe 白地図

【白地図】広州東駅

CHINA
広東省

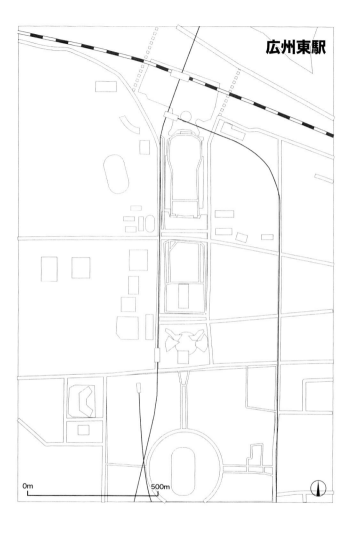

広州東駅 Tianhe 白地図

【白地図】天河中心部

CHINA
広東省

天河中心部

Tianhe 白地図

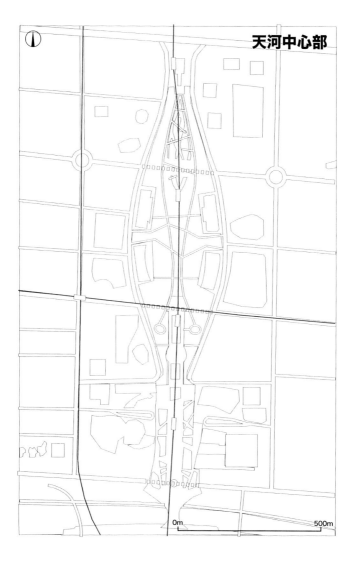

【白地図】広州タワー

CHINA
広東省

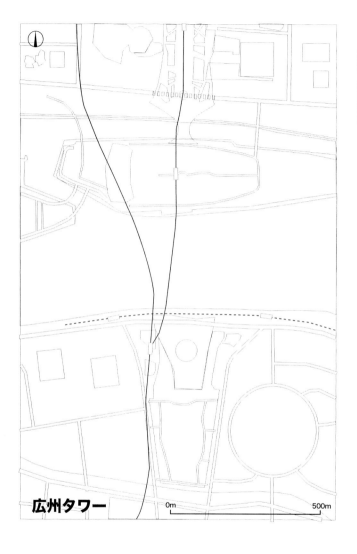

Tianhe 白地図

広州タワー

0m　500m

【白地図】広州国際会議展覧センター

CHINA
広東省

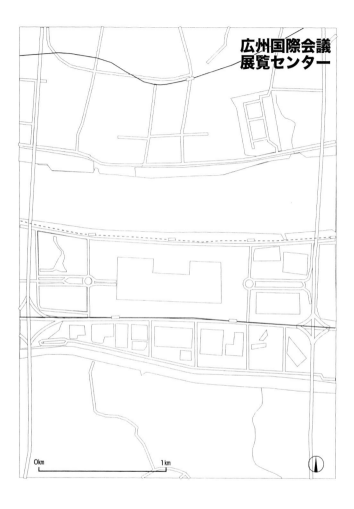

【白地図】黄埔

CHINA
広東省

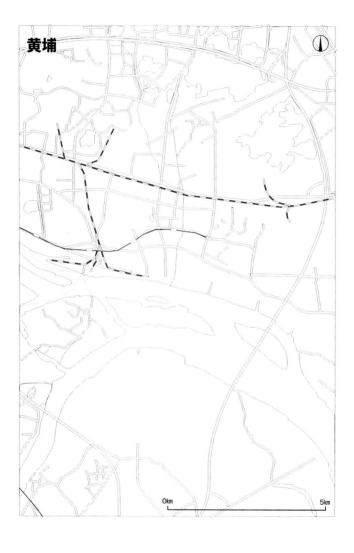

【白地図】白雲山風景区

CHINA
広東省

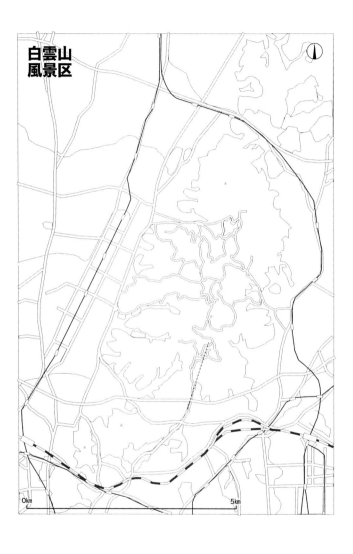

白雲山風景区

Tianhe 白地図

【白地図】花都区

CHINA
広東省

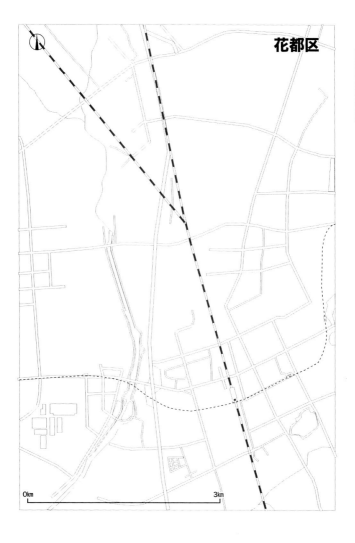

【白地図】広州北郊外

CHINA
広東省

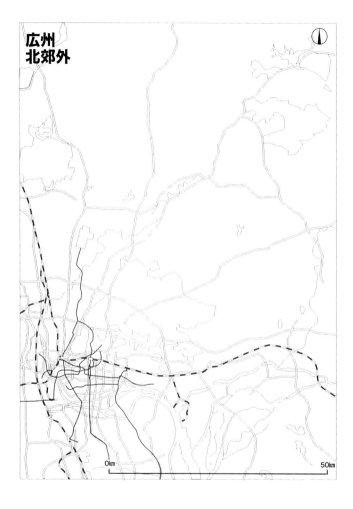

【白地図】広州南郊外

CHINA
広東省

広州南郊外

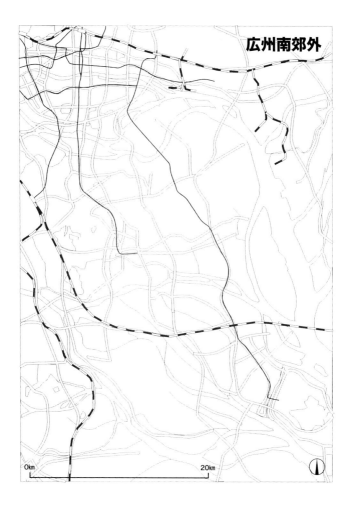

Tianhe 白地図

【白地図】南沙

CHINA
広東省

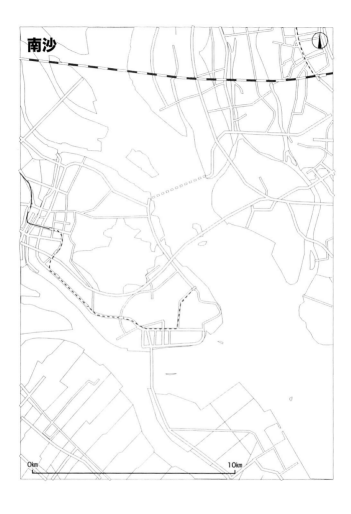

【まちごとチャイナ】

広東省 001 はじめての広東省

広東省 002 はじめての広州

広東省 003 広州古城

広東省 004 天河と広州郊外

広東省 005 深圳（深セン）

広東省 006 東莞

広東省 007 開平（江門）

広東省 008 韶関

広東省 009 はじめての潮汕

広東省 010 潮州

広東省 011 汕頭

CHINA
広東省

中国華南の中心都市として、広州は 2000 年以上の歴史をもつ。越秀公園から南の珠江にかけてが歴史的な広州で、対外交易の拠点がおかれてきた。そこでは世界に開かれた開放的な風土がつちかわれ、この街の性格を特徴づけるようになった。

こうした歴史をもつなかで、20 世紀末以降、改革開放が唱えられると広東省はその最前線となり、経済発展にあわせるように広州の街は拡大した。広州古城の東側の天河地区が新市街として整備され、超高層ビルや現代建築が立ちならび、

Tian He
天河 tiān hé ティエンハァ
一体化が進む「華南の扇へ」

　その対岸には高さ600mの広州タワーがそびえている。

　現在、広州古城から天河、さらにその東の黄埔区、また北の花都区、南の番禺区、南沙区へ、かつて郊外だった街を吸収するように広州は拡大を続けている。こうしたなか日系企業の進出も目立ち、春と秋に行なわれる広州交易会では、商機を求める人々が世界中からこの街に集まり、広州の風物詩としてにぎわいを見せている。

【まちごとチャイナ】

広東省 004 天河と広州郊外

目次

天河と広州郊外 …………………………………………………… xxxii

世界とつながる先端都市 ………………………………………… xxxviii

北京路城市案内 ……………………………………………………… xliv

天河城市案内 ………………………………………………………… lxv

広州東部城市案内 ………………………………………………… lxxxiv

広州北部城市案内 ………………………………………………… xciv

広州南部城市案内 ………………………………………………… cxvi

北京へ吹いた南風 ………………………………………………… cxxvii

【MEMO】

【地図】広州

【地図】広州の [★★★]
- [ ] 天河 天河 ティエンハァ
- [ ] 広州タワー 广州塔 グァンチョウタァ

CHINA
広東省

【地図】広州の [★★☆]
- [ ] 広州オペラハウス 广州歌剧院 グァンチョウガァジュウユェン
- [ ] 黄埔軍校旧址 黄埔军校旧址 ファンプゥジュンシャオジゥチィ

【地図】広州の [★☆☆]
- [ ] 広州国際会議展覧センター 广州国际会议展览中心 グァンチョウグゥオジィフゥイイィチャンランチョンシン
- [ ] 広州世界大観 广州世界大观 グァンチョウシィジエダァグァン
- [ ] 白雲山風景区 白云山风景区 バイユンシャンフェンジンチュウ
- [ ] 華南植物園 华南植物园 ファアナンチィウゥユェン
- [ ] 広州大学城 广州大学城 グァンチョウダァシュエチャン

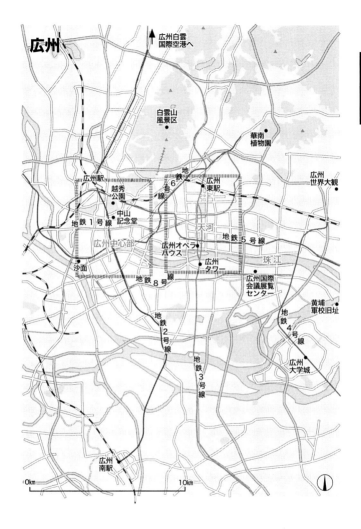

世界と
つながる
CHINA
広東省
先端都市

1980年より改革開放がはじまった中国
その最前線となったのが首都北京から離れた広東省で
省都広州には多くの企業が進出し、著しい発展を続けている

開放的な気風

華北の北京、華中の上海とならんで、華南を代表する都市、広州。この街の最大の特徴は、東南アジア諸国に通じる立地をもつところで、対外交易の拠点としての性格は、始皇帝の時代(紀元前3世紀)から続いている。10世紀の宋代以降には、この街から多くの華僑が東南アジアをはじめとする海外へ進出し、また中国への南からの入口となっているところから他の中国の街よりも早く西欧文明と接触することになった（広州への地の利から香港やマカオが獲得された）。このような歴史から、広州では開放的な気風が育まれ、「政治の都」北

▲左 高層ビルがそびえ立つ、天河にて。 ▲右 広州交易会が行なわれる広州国際会議展覧センター

京とは大きく異なる人々の気質やふるまいを見ることができる。

外資の進出する経済都市

1949年の中華人民共和国成立以来、この国は共産主義体制にあったが、20世紀末になって香港や台湾、日本の企業を受け入れる改革開放が広東省を中心にはじまった。そんなところから広州の街も急拡大し、天河地区には超高層ビル群が林立するようになった（経済発展にあわせるように網の目のように地下鉄が走り、2004年、広州白雲国際空港が開業す

CHINA
広東省

るなどインフラの整備も進む)。東南アジアへと続く地の利や、広州から深圳、香港へと続く港湾機能の魅力もあって、日本はじめ世界的な企業がこの街へ進出している。

広州交易会

春と夏に広州で開かれる中国出口商品交易会を広州交易会と呼ぶ。自動車などの工業製品はじめ、電化製品や雑貨、漢方薬まで中国全土からの品々が展示される。この広州交易会は歴史的に対外交易の窓口だったこの街で1957年から続き、東西冷戦時代にはアメリカや日本など西側の人間に開かれた

▲左 「天下は公のために」広州には革命史跡も多く残る。　▲右　そびえる高さ600mの広州タワー

窓口の役割を果たしていた（香港から九広鉄路で広州に入った）。この広州交易会には世界中の商人が集まるため、会が開かれる時期、広州のホテルの値段は大幅にあがり、それでも宿泊できないほどの混雑ぶりを見せる。

【地図】広州中心部の [★★☆]
- [ ] 北京路 北京路ベイジンルゥ

【地図】広州中心部の [★☆☆]
- [ ] 白雲山風景区 白云山风景区
  バイユンシャンフェンジンチュウ

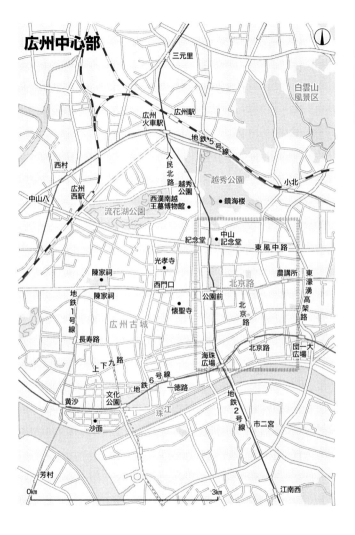

Guide,
Bei Jing Lu
北京路
城市案内

CHINA
広東省

繁華街、北京路が走る広州古城の東部
広州農民運動講習所旧址や魯迅記念館など
革命の街、広州を物語る史跡が点在する

北京路 北京路 běi jīng lù ベイジンルゥ ［★★☆］

地鉄2号線に並行するように広州中心部を南北に走る北京路。広州を代表する通りとして知られ、多くの人でにぎわっている。古く南越国の役所がこのあたりにおかれていたという歴史もあり、現在では騎楼と呼ばれるアーケードとともに老舗や新店など商店が軒を連ねる。

文徳路 文德路 wén dé lù ウェンダァルゥ ［★☆☆］

北京路の東側を南北に走る文徳路。このあたりは文房四宝（筆、墨、硯、紙）など書画を扱う店がならび、広州西に位

置する肇慶産の端渓硯などが見られる。

南越国宮署遺址 南越国宫署遗址 nán yuè guó gōng shǔ yí zhǐ
ナンユエグゥオゴンシューイーチィ ［★☆☆］

中山四路沿いに残る古代、広州にあった南越国の王宮跡。1995年に発掘され、水路や王宮跡が確認された。この南越国は紀元前207年、始皇帝の武将であった趙佗が独立することで建国され、紀元前111年に漢の武帝に滅ぼされるまで5代にわたって独立状態にあった。

【地図】北京路

【地図】北京路の [★★☆]
- [ ] 北京路 北京路ベイジンルゥ

【地図】北京路の [★☆☆]
- [ ] 文徳路 文徳路ウェンダァルゥ
- [ ] 南越国宮署遺址 南越国宮署遺址 ナンユエグゥオゴンシューイーチィ
- [ ] 広州城隍廟 广州城隍庙 グゥアンチョウチャァンフゥアンミャオ
- [ ] 万木草堂 万木草堂ワンムゥツァオタン

広東省

広州城隍廟 广州城隍庙 guǎng zhōu chéng huáng miào
グゥアンチョウチャァンフゥアンミャオ ［★☆☆］

南越国宮署遺址に隣接して立つ広州城隍廟。この城隍廟は明代初期の 1370 年に創建され、広州の都市の守り神がまつられていた。明清時代に何度か再建されたのち、長らく放置されていたが、2010 年に修復されて現在の姿となった。軸線上に建物が配置された中国の伝統建築で、内部は嶺南様式の調度品や装飾で彩られている。

▲左 広州を代表する通りの北京路。　▲右 歩行街として整備されている

万木草堂 万木草堂
wàn mù cǎo táng ワンムゥツァオタン ［★☆☆］

広州中心部の中山四路に位置する万木草堂。ここは清代の1891年に開かれた維新派の学校で、列強に半植民地化されていく当時の中国を救うための人材を教育が目的とされた（康有為が開き、多くの学生が集まった）。広東省新会出身の学者、梁啓超もここで学んでいる。

【地図】烈士陵園

【地図】烈士陵園の ［★★☆］
- [ ] 小北路 小北路シャオベイルゥ

【地図】烈士陵園の ［★☆☆］
- [ ] 広州農民運動講習所旧址 广州农民运动讲习所旧址
  グァンチョウノンミンユンドンジアンシィシュオジウチィ
- [ ] 魯迅記念館 鲁迅纪念馆ルゥシュンジィニェンガン
- [ ] 広東省博物館旧館 广东省博物馆旧馆
  グァンドンシェンボォウーガンジゥガン
- [ ] 中華全国総工会旧址 中华全国总工会旧址
  チョンファチュアングゥオゾンゴンフイジゥチィ
- [ ] 広州起義烈士陵園 广州起义烈士陵园
  グァンチョウチィイィリエシィリンユェン
- [ ] 黄花崗七十二烈士墓 黄花岗七十二烈士墓
  ファンファガンチィシィアァリエシィムウ

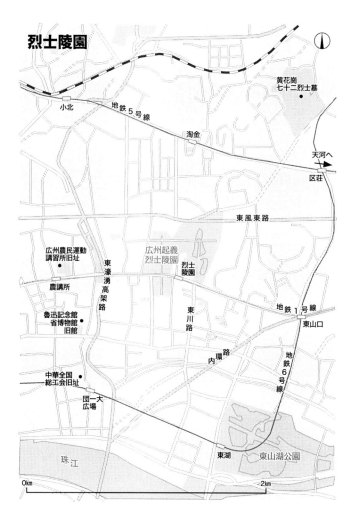

CHINA
広東省

広州農民運動講習所旧址 广州农民运动讲习所旧址
guǎng zhōu nóng mín yùn dòng jiǎng xí suǒ jiù zhǐ
グァンチョウノンミンユンドンジアンシィシュオジウチィ [★☆☆]

中山四路に残る広州農民運動講習所旧址。ここはもともと明代（1370年）に孔子廟が建てられていた場所で、清代も学問が行なわれる番禺学宮がおかれていた。清朝が滅亡すると、農民運動の指導者を養成するため、広州農民運動講習所として転用された（1924年、国民党と共産党の合作を受けて設立された黄埔軍官学校が軍人を養成したのに対して）。1926年、第6代所長として毛沢東が赴任したという歴史があり、

▲左　冬でも温かいのが広州。　▲右　街のいたるところで涼茶の店が見られる

1953年に記念館が開かれ、毛沢東の執務室や学生宿舎などが復元された。この講習所で学んだ18〜28歳の青年は、のちに共産党が行なう農村工作での原動力となった。

魯迅記念館 鲁迅纪念馆 lǔ xùn jì niàn guǎn
ルゥシュンジィニェンガン ［★☆☆］

清朝から中華民国へと時代が動くなかで、『狂人日記』や『阿Q正伝』といった小説を発表し、近代中国の青年層に大きな影響をあたえた魯迅。この魯迅記念館は旧中山大学の鐘楼だった建物で、身の危険を感じた魯迅が北京、厦門をへて広

CHINA
広東省

州に移住し、ここに仕事場をおいていたという縁から魯迅記念館になった（清代、科挙の試験が行なわれる貢院だったが、科挙が廃止されたのちの1905年にこの西洋建築が建てられた）。中山大学は現在、郊外へと移転しているが、1927年1月〜6月まで魯迅はこの地にあった中山大学で教鞭をとり、館内では当時の様子が復元されている。また1924年には孫文がここで中国国民党第一次全国代表会を開いたことでも知られる。

広東省博物館旧館 广东省博物馆旧馆
guǎng dōng shěng bó wù guǎn jiù guǎn
グァンドンシェンボォウーガンジゥガン ［★☆☆］

広東省の歴史や、北方とは異なった嶺南の越系文化、またアヘン戦争の展示が見られる広東省博物館旧館。1924年、孫文によって設立された中山大学があった場所で、その敷地が博物館に転用された（新館は天河に位置する）。

広東省

中華全国総工会旧址 中华全国总工会旧址
zhōng huá quán guó zǒng gōng huì jiù zhǐ
チョンファチュアングゥオゾンゴンフイジゥチィ ［★☆☆］

広州古城の南東、中華民国初期に建てられた中華全国総工会旧址。この建物はもともと広州近郊の恵州出身の人々が集まる恵州会館だったが、1922年に広州で第一次全国労働大会が開かれたという歴史から1958年、その記念館となった（皇帝や貴族などの支配階級ではなく、労働者階級による会議が行なわれた）。

▲左 拡大する地下鉄網、広州郊外にまで伸びている。　▲右 街角の茶館、広東人は茶好きなことで有名

広州起義烈士陵園 广州起义烈士陵园
guǎng zhōu qǐ yì liè shì líng yuán
グァンチョウチィイィリエシィリンユェン ［★☆☆］

広州起義烈士陵園は広州で武装蜂起し、処刑された共産党員たちの陵園で、高さ45mの記念碑が残っている。1912年の清朝滅亡後、中国各地に軍閥がならび立ち、広州は革命の根拠地となっていた（当時、国民党と共産党の双方が広州に拠点をおいていた）。1927年、国民党の広東派と広西派が対立する混乱のなか、共産党は武装蜂起し、広州ソビエト政府を成立させたが、3日で国民党に鎮圧された。この事件は広州

CHINA
広東省

起義と呼ばれ、処刑された人をふくめ5000人以上が犠牲になったと言われる。中華人民共和国成立後の1957年、広州起義で処刑が行なわれた刑場跡が整備されて広州起義烈士陵園となった。正面の「広州起義烈士陵園」の文字は周恩来の、「広州公社烈士之墓」の文字は朱徳によるもので、そのほか、アヘン戦争以後の中国近代史の展示が見られる広東革命歴史博物館がある。

▲左　南国のフルーツがならぶ、広州の市場にて。　▲右　マナー向上を呼びかけたポスター

小北路 小北路 xiǎo běi lù シャオベイルゥ ［★★☆］

アジアで最大規模のアフリカ人集住地域とされる広州。それらアフリカ系の人々がコミュニティをつくっているのが小北路で、スワヒリ語などが聴こえる「リトルアフリカ」とも言える景観をつくっている。現在、広州には20万人を超すというアフリカ人が暮らしているとされ、中国政府のアフリカ重視政策がこれらの人の往来を容易にしたのだという。20世紀末からアフリカ系の商人が広州に多く居住するようになり、低価格の中国家電や携帯電話、衣服を買いつけてアフリカ諸国に輸出している。

広東省

黄花崗七十二烈士墓 黄花岗七十二烈士墓
huáng huā gǎng qī shí èr liè shì mù
ファンファガンチィシィアァリエシィムウ ［★☆☆］

1911年の辛亥革命以前に孫文ひきいる中国同盟会はたびたび武装蜂起を試みたが、いずれも失敗し、黄花崗七十二烈士墓にはとくに最大の犠牲者を出した黄花崗事件の犠牲者がまつられている（実際は86名だったが、藩達微が72名の遺体を埋葬したことに由来する）。1911年、中国同盟会の黄興は120名あまりをひきいて広州で武装蜂起し、両広総督公署などを攻撃した。しかし、事前にこの武装計画がもれて戒厳令

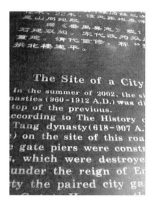

▲左　街には多くの石碑が残る。　▲右　「中国革命の父」孫文、広州は革命の激震地となった

が敷かれ、武装メンバーの足並みもそろわなかったことから武装蜂起は失敗に終わった。潘達微が自宅を担保にこの地に墓を造営し、そのとき以来、紅花崗という地名は黄花崗と呼ばれるようになった（「高潔」を意味する黄色い花、菊にちなむ）。この墓は1921年に完成し、その後、公園として開放された。園内には自由の女神像が立つ。

革命史跡の残る街

清代、皇帝の暮らす北京から遠く離れた広州は、革命の拠点となっていて、封建制の打倒をかかげる革命派が度々、武装

CHINA
広東省

蜂起を行なっている。そのため広州には近現代史を彩る史跡が多く残り、それらは大きく国民党（のちに国共内戦に敗れ台湾へ逃れた）に由来するもの、共産党（国共内戦に勝利して1949年、中華人民共和国を樹立）にまつわるものにわけられる。黄花崗事件は、辛亥革命前の10回におよぶ孫文らの蜂起のなかでもっとも犠牲者を出した事件だった。1911年、辛亥革命が成功したあとも、清朝官吏だった袁世凱が権力をにぎり、孫文は「革命未だならず」という言葉を残してなくなっている。

広州動物園 广州动物园 guǎng zhōu dòng wù yuán
グァンチョウドンウゥユェン［★☆☆］

広州古城と天河地区のあいだに位置する広州動物園。北京動物園、上海動物園にならぶ規模をもち、亜熱帯の樹木がしげる敷地内にパンダやトラ、象などの動物が飼育されている。1958年に開業した。

Guide, Tian He
天河
城市案内

広州古城から東に位置する天河
目を見張るような巨大建築が林立し
珠江の対岸には高さ600mの広州タワーがそびえる

天河 天河 tiān hé ティエンハァ ［★★★］

広州国際金融センター、広州オペラハウス、広東省博物館新館などが集まる天河は、広州の政治、経済、文化の新たな中心となっている。広州古城東に位置する天河の地は、長らく広州郊外に過ぎなかったが、1980年以来の改革開放による経済発展を受け、新市街として注目されるようになった。広州東駅から南に向けて街が区画された街並みは整然とし、巨大建築や現代建築が見られる。また珠江の対岸には高さ600mの広州タワーがそびえ、夜にはきらびやかなネオンで彩られる。

▲左 天河では印象的な現代建築がならぶ。　▲右　広東省博物館新館のすぐ北に位置する広州新図書館

天河体育運動センター 天河体育中心 tiān hé tǐ yù zhōng xīn
ティエンハァティユゥチョンシン [★☆☆]

広州東駅の南側、天河の中心部に立つ天河体育運動センター。サッカーや陸上競技などが行なわれるスタジアムとなっている。

広州オペラハウス 广州歌剧院 guǎng zhōu gē jù yuàn
グァンチョウガァジュウユェン [★★☆]

天河地区の珠江河岸に立つ広州オペラハウス。コンサートや歌劇が行なわれる多目的施設で、河辺の小石や岩をイメージしたデザインになっている。

【MEMO】

【地図】天河

【地図】天河の [★★★]
- [ ] 天河 天河 ティエンハァ
- [ ] 広州タワー 广州塔 グァンチョウタァ

【地図】天河の [★★☆]
- [ ] 広州国際金融センター 广州国际金融中心 グァンチョウグゥオジィジンロンチョンシン
- [ ] 広東省博物館新館 广东省博物馆新馆 グァンドンシェンボォウゥガンシングァン

【地図】天河の [★☆☆]
- [ ] 天河体育運動センター 天河体育中心 ティエンハァティユゥチョンシン

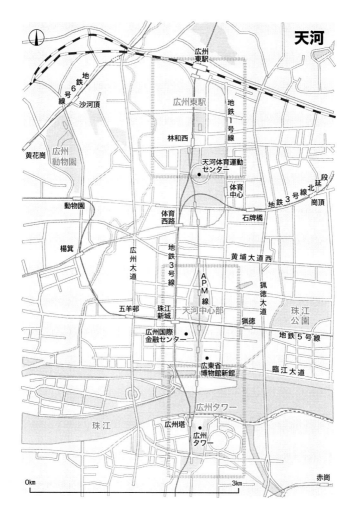

【地図】広州東駅

【地図】広州東駅の [★☆☆]
- 天河体育運動センター 天河体育中心
  ティエンハァティユゥチョンシン

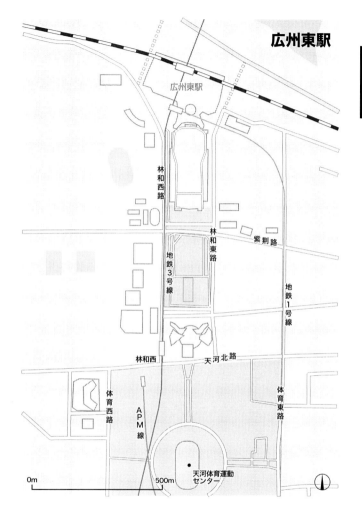

【地図】天河中心部

【地図】天河中心部の [★★★]
- [ ] 天河 天河 ティエンハァ

【地図】天河中心部の [★★☆]
- [ ] 広州オペラハウス 广州歌剧院
  グァンチョウガァジュウユェン
- [ ] 広州国際金融センター 广州国际金融中心
  グァンチョウグゥオジィジンロンチョンシン
- [ ] 広州周大福金融センター 广州周大福金融中心
  グゥアンチョウチョウダアフウジィンロォンチョンシィン
- [ ] 広東省博物館新館 广东省博物馆新馆
  グァンドンシェンボォウゥガンシングァン

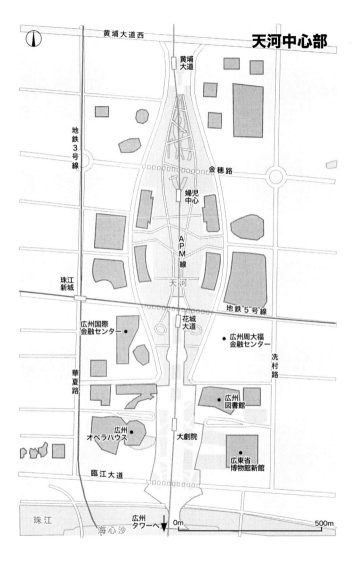

CHINA
広東省

広州国際金融センター 广州国际金融中心
guǎng zhōu guó jì jīn róng zhōng xīn
グァンチョウグゥオジィジンロンチョンシン ［★★☆］

広州新城の中軸線に位置する広州国際金融センター。珠江新城のなかで一際目立つ高層建築で、103階建て、高さは437.5mにもなる。ビジネスオフィス、ホテルからなる複合施設として、広州天河のシンボルのひとつとなっている。

▲左　直方体の現代建築、広東省博物館新館。　▲右　ほとんど何もなかったところから、まったく新しい街ができた

広州周大福金融センター 广州周大福金融中心
guǎng zhōu zhōu dà fú jīn róng zhōng xīn グゥアンチョウチョウダアフウジィンロゥンチョンシィン ［★★★☆］

広州天河珠江新城にそびえる高さ530mの広州周大福金融センター。地上111階（地下5階）建てで、隣接する高さ437.5mの広州国際金融センター（広州西塔）に対して、「広州東塔」と呼ばれる。対岸の高さ600mの広州タワーとあわせて3つの塔が二等辺三角を描く。周大福は香港に拠点をおく企業で、この広州周大福金融センターは広州の新たなビジネス拠点、流行発信地という性格をもつ。

CHINA
広東省

広東省博物館新館 广东省博物馆新馆
guǎng dōng shěng bó wù guǎn xīn guǎn
グァンドンシェンボォウゥガンシングァン [★★☆]

珠江のすぐそば、広州オペラハウスに対置するように立つ広東省博物館新館。黒の直方体という印象的な外観をしており、広東省の歴史、芸術、自然に関する展示が見られる。珠江水系で育まれた米と魚を食べるこの地方の文化、また書画や陶器などの展示品が見られる。

▲左　夜の広州タワー、7色に光る。　▲右　広州国際会議展覧センター、アジア最大級の規模なのだという

広州タワー 广州塔 guǎng zhōu tǎ グァンチョウタァ [★★★]

天河のちょうど対岸にそびえる高さ600mの広州タワー。電波塔の役割を果たしているほか、展望台や商業施設の入る複合施設となっている。ちょうど腰の部分が細くなっていることから、「小蛮腰（くびれたウエスト）」の愛称をもつ。

【地図】広州タワー

【地図】広州タワーの [★★★]
- ☐ 天河 天河ティエンハァ
- ☐ 広州タワー 广州塔グァンチョウタァ

【地図】広州タワーの [★★☆]
- ☐ 広州オペラハウス 广州歌剧院
  グァンチョウガァジュウユェン
- ☐ 広東省博物館新館 广东省博物馆新馆
  グァンドンシェンボォウゥガンシングァン

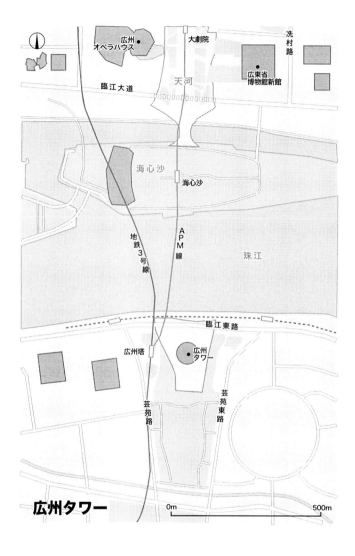

【地図】広州国際会議展覧センター

【地図】広州国際会議展覧センターの［★☆☆］
- [ ] 広州国際会議展覧センター 广州国际会议展览中心
  グァンチョウグゥオジィフゥイイィチャンランチョンシン

CHINA
広東省

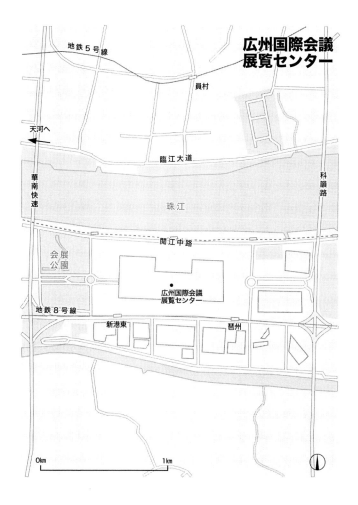

広東省

広州国際会議展覧センター 广州国际会议展览中心
guǎng zhōu guó jì huì yì zhǎn lǎn zhōng xīn グァンチョウグゥオジィフゥイイィチャンランチョンシン [★☆☆]

広州タワーの東方、珠江南岸に位置する広州国際会議展覧センター。アジア最大規模の展示場で、広州交易会の会場にもなっている。

Guide,
Guang Zhou Dong Fang
広州東部
城市案内

CHINA
広東省

珠江をくだった広州東部の黄埔区
南海へ続く海港があるこの地も
今では開発の波が押し寄せている

黄埔区 黄埔区 huáng pǔ qū ファンプゥチュウ ［★☆☆］

広州市街から東に位置する黄埔区。香港へ続く九広鉄路が走り、1937年に開かれた黄埔港を抱える。河港の広州港に対して、東の黄埔港はより大きな船舶が停泊できる海港となっている。東莞、深圳へ続く地の利、一体化する珠江デルタの流れを受けて開発が進んでいる。

黄埔軍校旧址 黄埔軍校旧址 huáng pǔ jūn xiào jiù zhǐ ファンプゥジュンシャオジゥチィ ［★★☆］

広州市街から20km東に位置する珠江に浮かぶ長洲島に残る

【MEMO】

【地図】黄埔

【地図】黄埔の [★★☆]
- [ ] 黄埔軍校旧址 黄埔军校旧址 ファンプゥジュンシャオジゥチィ

【地図】黄埔の [★☆☆]
- [ ] 黄埔区 黄埔区 ファンプゥチュウ
- [ ] 広州大学城 广州大学城 グァンチョウダァシュエチャン
- [ ] 南海神廟 南海神庙 ナンハイシェンミャオ

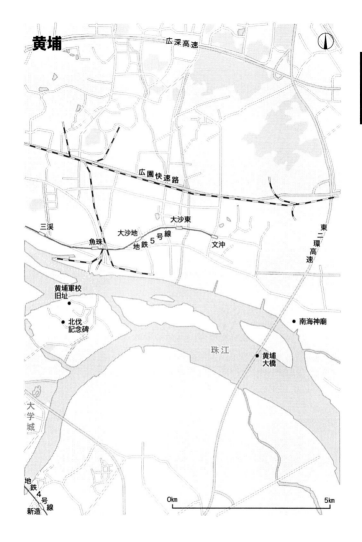

CHINA
広東省

黄埔軍校旧址。清代、ここは越海関黄埔分関がおかれていた場所で、第一次国共合作が行なわれた1924年に、軍官を養成する陸軍軍官学校が建設された（1926年、地名から黄埔軍官学校とあらためられた）。学校総理に孫文、初代校長に蒋介石（国民党）、政治主任に周恩来（共産党）が就任するなど、この学校は国共合作の象徴と見られていた。いち早く帝政を打倒し、党の支配下に軍をおいたソ連の援助でつくられたが、生活の規律などは蒋介石が留学経験のある日本の陸軍にならったという。1927年には4981人が卒業して国民党の中枢をになったほか、武漢、潮州、南寧、長沙にも分校が

▲左　かつて広州郊外だった黄埔、今では多くの建物が建つ。　▲右　孫文はじめ中国革命にまつわる遺跡が多い

おかれた。創立から60年にあたる1984年、黄埔軍官学校旧址として整備され、現在にいたる。

蒋介石とは

1925年の孫文死後に国民党で実権をにぎったのが、黄埔軍官学校の初代校長をつとめた蒋介石だった。儒教の教えを尊ぶ中国では、一度教えを受けると生涯師とあおぐことから、優秀な軍人が蒋介石のもとに集まった。中国各地に軍閥が割拠しているなか、1926年、蒋介石は広州から北伐を開始し、1928年に北京を制圧して中国に覇を唱えた。また蒋介石の

ひきいる国民党は、1937年に盧溝橋事件が起きると、南京、武漢、重慶と首都を遷しながら日本軍と戦っている。戦後、共産党との国共内戦に敗れると、蒋介石は国民党をひきいて台湾へ移ることになった（1949年、中華人民共和国成立）。そのため台湾では孫文の三民主義に由来する青天白日満地紅旗が使われている。

広州大学城 广州大学城 guǎng zhōu dà xué chéng
グァンチョウダァシュエチャン［★☆☆］

珠江の中洲を利用してつくられた広州大学城。孫文が設立し

た中山大学はじめ、複数の大学キャンパスを1か所に集めた学園都市となっている。その面積は17平方キロになる。

南海神廟 南海神庙 nán hǎi shén miào
ナンハイシェンミャオ［★☆☆］

黄浦江新港と旧港のあいだに立つ南海神廟（波羅廟、東廟とも言う）。このあたりは古くから広州の入口にあたる海上交易路の要衝（外港）だったところで、隋の文帝の6世紀に、航海の安全を願って南海神をまつる廟が建てられた（古代の四大海神廟で唯一残る）。その後、唐宋代、海上交易の発達

CHINA
広東省

とともに、商人がここで航海の安全を願うようになった。対外交易が平穏に運ぶよう、中国歴代皇帝が建てさせた石碑がいくつも残ることから、「南方碑林」と呼ばれている。

広州世界大観 广州世界大观 guǎng zhōu shì jiè dà guān
グァンチョウシィジエダァグァン [★☆☆]

広州市街から東に位置する広州世界大観。ニューヨークやパリなどの世界各地の街並みや建物が再現されていて、世界各地の文化や風土を紹介するテーマパークとなっている。

Guide,
Guang Zhou Bei Fang
広州北部
城市案内

CHINA
広東省

広州市街の北にそびえる白雲山
また洪秀全の生まれた花都区は
かつて郊外だったが現在では広州市街に続いている

三元里平英団旧址 三元里平英団旧址
sān yuán lǐ píng yīng tuán jiù zhǐ
サンユェンリィピンインチュアンジゥチィ [★★☆]

広州市街の北に位置する三元里には、アヘン戦争中に武装蜂起した住民をたたえる平英団旧址が残っている。1841年に武装蜂起した三元里の住民は、イギリス軍に勝利しており、人々が自発的に戦ったという史実から中華人民共和国成立後に三元里平英団が評価されることになった。1950年、この村の真武大帝（北帝）をまつった三元古廟（道教寺院）が改修されたほか、三元里人民抗英烈士紀念碑も見られる。

▲左 イギリスに対して果敢に戦った、三元里平英団旧址。　▲右　三元里の路地、学校へ通学する子ども

白雲山風景区 白云山风景区 bái yún shān fēng jǐng qū
バイユンシャンフェンジンチュウ ［★☆☆］

広州中心部から北東に広がる白雲山風景区。白雲山とは石英岩と花崗岩などからなる30以上の峰をもつ丘陵の総称で、海抜382mの摩星峰を最高峰とする。秋、雨があがると白雲がわきあがり、それがたなびく様子にちなんでこの名前がつけられた。長いあいだ、この山から流れる淡水は、広州市民の貴重な飲料水となってきた。現在は21平方キロからなる森林公園として整備され、仏教寺院や彫刻などが残っている。

【地図】白雲山風景区

【地図】白雲山風景区の [★★☆]
- [ ] 三元里平英団旧址 三元里平英団旧址
  サンユェンリィピンインチュアンジゥチィ
- [ ] 小北路 小北路シャオベイルゥ

【地図】白雲山風景区の [★☆☆]
- [ ] 白雲山風景区 白云山风景区
  バイユンシャンフェンジンチュウ

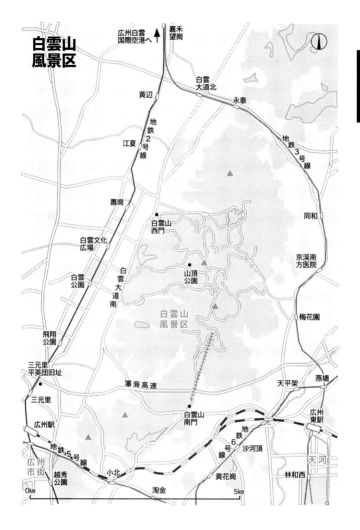

広東省

華南植物園 华南植物园 huá nán zhí wù yuán
ファアナンチィウゥユェン ［★☆☆］

広州東の郊外に位置する華南植物園。広大な敷地にガジュマルや亜熱帯の植物をはじめ5000種類以上の品種が栽培されている。広州は別名は「花城」と言い、1年中さまざまな花が咲き誇ることから、この華南植物園でも四季折々の自然を感じられる。また広州では大晦日に行なわれる花祭りが有名で、華南植物園でも大変なにぎわいを見せる。

【MEMO】

【地図】花都区

【地図】花都区の [★★☆]
- 洪秀全故居 洪秀全故居ホンシウチュアンチュウジュウ

CHINA
広東省

【地図】花都区の [★☆☆]
- 花都区 花都区ファアドゥチュウ
- 洪秀全記念館 洪秀全紀念館 ホンシウチュアンジィニェンガン

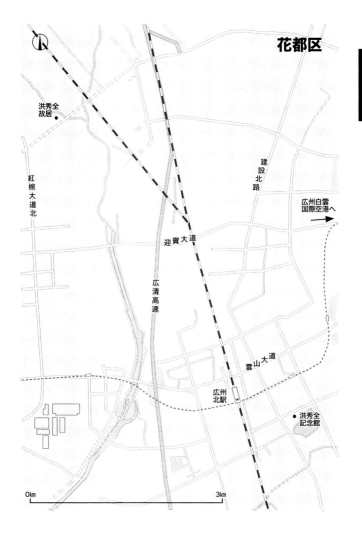

広東省

花都区 花都区 huā dōu qū ファアドゥチュウ ［★☆☆］

広州の北に位置し、珠江デルタの最北端にあたる花都区。長らく農村が広がる田園地帯だったが、中国経済の発展とともに市街にあった空港が花都区に移され、世界的な自動車メーカーなどの進出が続いた。花都港という河川港、また空港への立地、広州北駅や高速道路などのインフラなどから注目される地域となっている。

Tianhe 広州北部城市案内

世界的な自動車タウン

広東省は1980年以来、いち早く外資の導入が進められ、改革開放の最前線となった地域として知られる。深圳や東莞といった街が発展するなか、広州花都区は華南最大の空港に近い立地、高速道路や高速鉄道が走るといった条件から、日系はじめ世界的な自動車メーカーが相次いで進出した（また広州から香港にかけて優れた港湾をもつ）。そうした事情から、花都区はメーカーと部品メーカーが集まり、「自動車の街」を意味する汽車城とも呼ばれている。

CHINA
広東省

洪秀全故居 洪秀全故居 hóng xiù quán gù jū
ホンシウチュアンチュウジュウ［★★☆］

清朝末期、南京を中心に南中国に太平天国を樹立した洪秀全の故居。洪秀全は1814年、広州郊外だった花県で客家の家庭に生まれ、この地で青年期までを過ごした（現在の花都区。近くの村で生まれ、すぐにここに移住した）。広州で科挙試験を受けたものの失敗を繰り返し、出世の道をたたれたこともあって、皇帝を中心とする儒教体制に批判的になったという。この科挙の受験のときに、プロテスタントの宣教師からもらった『観世良源』の影響を受けて、「天下を一家として、

▲左　街角で見た関羽像、道教の神様として信仰されている。　▲右　自動車タウンとしても知られる花都区への道

皆が太平に恵まれる」という太平天国の思想をかたちづくっていった(『観世良源』を書いた梁発は、1834年、広州での科挙受験者にこの書を配布していたところ官憲にとらえられた)。1850年、洪秀全は花県から内陸に入った広西の金田村で武装蜂起し、華中、華南一帯に勢力を広げ、一時、清朝をおびやかした。やがて洪秀全は病死し、太平天国の乱も1964年、西洋の近代兵器の前に鎮圧されるが、現在では皇帝支配に抵抗した運動として評価されている。20世紀になってから、洪秀全故居として復元され、洪秀全が塾教師をしていた書房閣、洪一族の祖廟や洪氏宗祠、資料室などが見られる。

【MEMO】

CHINA
広東省

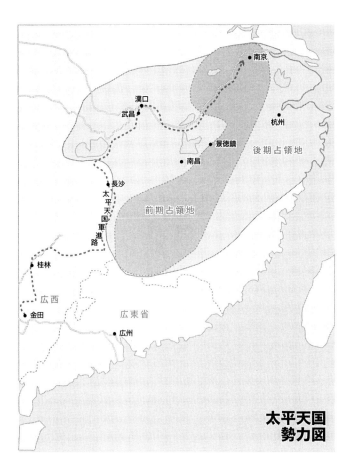

広東省

洪秀全記念館 洪秀全紀念館 hóng xiù quán jì niàn guǎn
ホンシウチュアンジィニェンガン ［★☆☆］

洪秀全が幼少期を過ごした花都区の市街に立つ洪秀全記念館。客家の家に生まれ、太平天国の乱を指揮した洪秀全の生涯や、花都から広西へと移って武装蜂起するまでの展示、また太平天国の首都があったときの南京の姿などが展示されている。

▲左　広州地下鉄のポスター、インフラの整備が進む。　▲右　きれいな水をくむ人、大きなペットボトルが目に入る

広州白雲国際空港 广州白云国际机场
guǎng zhōu bái yún guó jì jī chǎng
グァンチョウバイユングゥオジィジイチャン［★☆☆］

広州市街から22km北に位置する広州白雲国際空港。北京国際空港、上海浦東国際空港とならぶ華南最大の飛行場で、2004年に市街から花都へ移転して開港した。香港、深圳、東莞、仏山といった都市が一体感を見せるなか、中国北方と東南アジアを結ぶハブ空港として存在感を高めている。

【地図】広州北郊外

【地図】広州北郊外の［★★★］
- [ ] 広州タワー 广州塔グァンチョウタァ

【地図】広州北郊外の［★☆☆］
- [ ] 広州白雲国際空港 广州白云国际机场
   グァンチョウバイユングゥオジィジイチャン
- [ ] 従化温泉 从化温泉ツォンファアウェンチャン
- [ ] 流溪河国家森林公園 流溪河国家森林公园
   リゥシィハァグゥオジアセンリンゴンユェン
- [ ] 北回帰線 北回归线ベイフイグイシアン
- [ ] 光布村客家圍龍屋 光布村客家围龙屋
   グアンブゥチュンカァジアウェイロンウー
- [ ] 花都区 花都区ファアドゥチュウ

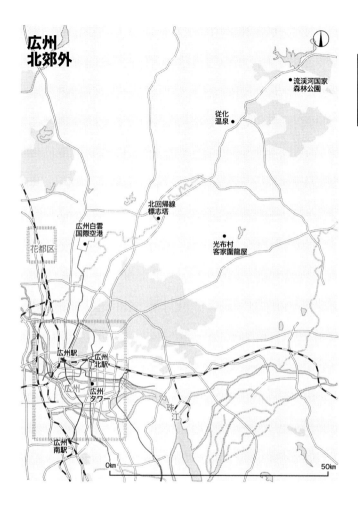

広東省

従化温泉 从化温泉 cóng huà wēn quán
ツォンファアウェンチャン［★☆☆］

広州から北に80km離れたところに涌く従化温泉。流溪河のほとりに位置し、広東省を代表する温泉として知られる。

流溪河国家森林公園 流溪河国家森林公园
liú xī hé guó jiā sēn lín gōng yuán
リゥシィハァグゥオジアセンリンゴンユェン［★☆☆］

広州北東の従化市に位置する流溪河国家森林公園。流溪湖を中心に亜熱帯の植生が残り、この地方の温暖な気候から1年を通して美しい自然が見られる。

▲左　海のように広がる珠江河口部。　▲右　広州中心部から各地へバスが出ている

北回帰線 北回帰线 běi huí guī xiàn
ベイフイグイシアン ［★☆☆］

広州北部の北緯23度を走る北回帰線。地軸に傾きがあることから、太陽が地球を照らす角度は季節によって異なり、夏至の日、太陽はこの北回帰線を直角に照らす（春分と秋分の日は赤道、冬至の日には南回帰線に対して直角になる）。

広東省

光布村客家圍龍屋 光布村客家围龙屋
guāng bù cūn kè jiā wéi lóng wū
グアンブゥチュンカァジアウェイロンウー ［★☆☆］

荔枝の収穫で有名な増城市に残る光布村客家圍龍屋。清朝の康熙帝がおさめる17世紀に建てられた圍龍屋で、客家の人々が暮らしている（圍龍屋は福建省では土楼と呼ばれる）。客家とは古い時代、中原から南方へ逃れてきた人々のことで、北方の言語や文化体系を今でも保持しているという。圍龍屋は外部に対して閉鎖性の強い集合住宅となっていて、その中心に一族の祠堂がおかれている。

Guide, Guang Zhou Nan Fang
広州南部城市案内

CHINA
広東省

珠江河口部に続く広州南部
地下鉄網が伸び
広州市街との一体感が高まっている

番禺区 番禺区 pān yú qū パンユゥチュウ ［★☆☆］

広州市街の南に位置する番禺区。番禺という地名は、紀元前3世紀に始皇帝が広州においた番禺県に由来する（広州一帯が番禺と呼ばれていた）。高速鉄道の走る広州南駅があるほか、珠江による水路を通じて東莞、深圳へ続く地の利をもつ。

留耕堂 留耕堂 liú gēng táng リュガンタン ［★☆☆］

留耕堂は番禺区に残る何一族の宗祠。何一族は南宋代からこの地に暮らし、名門の家系として知られてきた（広東省では共通の祖先をもつ宗族が発達していることで知られる）。祖

▲左　番禺区の広州南駅、高速鉄道が発着する。　▲右　広州南端の南沙に立つモニュメント

先をまつる祠堂を中心に、この地方の嶺南建築様式で建てられ、木彫や石彫などが見られる。

余蔭山房 余荫山房 yú yìn shān fáng
ユゥインシャンファン［★☆☆］

広州市街から南に17km離れた番禺区南村に位置する余蔭山房。仏山の清暉園、梁園、東莞の可園とともに広東省の四大名園とたたえられる。庭園内には、嶺南様式と呼ばれるこの地方の気候にあわせた楼閣や亭などが配置されている。

【地図】広州南郊外

【地図】広州南郊外の [★★☆]
- [ ] 南沙区 南沙区ナンシャアチュウ

【地図】広州南郊外の [★☆☆]
- [ ] 番禺区 番禺区パンユゥチュウ
- [ ] 留耕堂 留耕堂リゥガンタン
- [ ] 余蔭山房 余荫山房ユゥインシャンファン
- [ ] 広州香江野生動物世界 广州香江野生动物世界 グァンチョウシアンジアンイーシェンドンウーシィジエ
- [ ] 蓮花山風景区 莲花山风景区 リィアンファシャンフェンジンチュウ
- [ ] 黄埔区 黄埔区ファンプゥチュウ

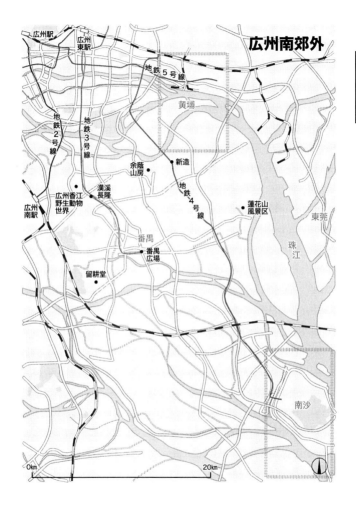

CHINA
広東省

広州香江野生動物世界 广州香江野生动物世界
guǎng zhōu xiāng jiāng yě shēng dòng wù shì jiè
グァンチョウシアンジアンイーシェンドンウーシィジエ[★☆☆]

番禺区に位置する動物園、広州香江野生動物世界。パンダやコアラ、ホワイトタイガーなどの希少動物のほかに500種類を超す動物が飼育されている。

蓮花山風景区 莲花山风景区 lián huā shān fēng jǐng qū
リィアンファシャンフェンジンチュウ [★☆☆]

広州南の番禺区を流れる珠江河口のほとりに位置する蓮花山風景区。蓮花山は漢代からさまざまな種類の採石がされてい

▲左　南沙のフェリー乗り場、香港へのボーダーとなっている。　▲右　天后廟、南海を行き交う船乗りたちの信仰を集めた

たことで知られ、明代建立の蓮花塔などの遺構が残る。

南沙区 南沙区 nán shā qū ナンシャアチュウ ［★★☆］

広州市の南端に位置する南沙区。珠江がちょうど南海に注ぐところにあり、対岸は東莞市となっている。バナナ畑が広がるのどかな南国の雰囲気をただよわせるなか、外資系企業の進出も目立つ。

【地図】南沙

【地図】南沙の [★★☆]
- □ 南沙区 南沙区ナンシャアチュウ
- □ 南沙天后宮 南沙天后宮ナンシャアテェンホウゴン

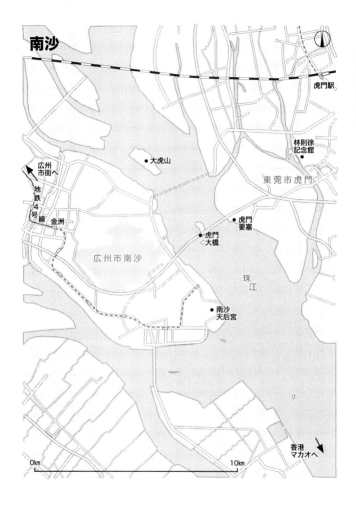

広東省

南沙天后宮 南沙天后宫 nán shā tiān hòu gōng
ナンシャアテェンホウゴン ［★★☆］

珠江河口部、南海に臨むように立つ南沙天后宮。天后とは海の守り神のことで、珠江を行き交う船の航行安全をつかさどる。この天后は宋代に実在した娘で、やがて船乗りのあいだで媽祖として信仰され、時代がくだると「天の后」にまで昇格した。南沙の天后宮は明代の創建で、清の乾隆帝時代に規模が大きくなり、20世紀になってから現在の伽藍となった。大角山の東南麓に展開し、黄色の瑠璃瓦でふかれ、中国の伝統的な中軸線上の左右に建物が配置されている。前面に立つ

天后像は高さは 14.5m になる。

北京へ吹いた南風

1842年、イギリスとのアヘン戦争に敗れて南京条約を結んだ清朝
北京から遠く離れ、香港に近い南方の地では
西欧の思想や制度がいち早く紹介され、自由な気風が育まれた

洪秀全と太平天国

1851〜64年に起こった太平天国の乱は、北京の皇帝を中心とする封建制や満州族による支配への抵抗として、その後の中国革命へとつながるものと見られている。1814年、広州郊外の花県（花都区）の客家として生まれた洪秀全は、科挙に失敗して儒教体制での出世の道をたたれたことなどからキリスト教に接近し、「独自の王国を建設する」という太平天国を樹立した。この時代、アヘン戦争に敗れた清朝は、戦費や賠償金のための重税を民衆に課したこと、水害や干ばつに人々が苦しんでいたことから、多くの人が太平天国に共鳴し、

CHINA
広東省

▲左　孫文の銅像、中山記念堂にて。　▲右　広州は簡体字で广州と表記される

一時は清朝をおびやかすまでに広がった（乱が広西で起こったのは、この地の少数民族や客家の人々が廟の祭りに参加できないなど不満が募っていたことによる）。

孫文と西欧思想

1866年、広州に近い香山県（現中山市）で、洪秀全と同じ客家の家庭に生まれた孫文。小さなころから洪秀全の影響を受けていたと言われ、1878年、華僑としてハワイで成功していた兄のもとに赴いている（このとき西欧思想やキリスト教に触れ、のちに満州族による清朝を打倒するための興中会

【MEMO】

広東省

をハワイで組織している)。その後、1886〜87年にかけて広州の博済医学校に学び、1887〜1892年にイギリス植民地下の香港の西医書院(今の香港大学)にも学んでいる。このように孫文は西欧思想にふれながら、民族主義、民権主義、民生主義からなる三民主義を形成していった。孫文は広州を拠点とし、この街で度々、広東政府を組織している。

孫文とその系譜

孫文を中心として成功させた辛亥革命、またそれ以後、中国と同じく帝政を打破してソ連を樹立したソ連共産党が中国に

▲左　北京路のにぎわい、広東料理店がならぶ。　▲右　広州の新たな顔となった天河

関わりを見せるようになっていた（皇帝を中心とする清朝とロマノフ王朝の統治構造が似ていた）。政党直属の軍をつくるために、1924年、ソ連の援助で黄埔軍官学校がつくられ、そこでは国共合作のもと人材が育成された（校長が国民党の蒋介石、政治主任が共産党の周恩来）。また孫文の死後、その系譜を継ぐ蒋介石や宋慶齢（孫文の妻で、中華人民共和国名誉主席）などが中国史を彩ることになった。孫文、蒋介石、周恩来などはいずれも明治維新で近代化に成功させた日本に留学しており、日本の西欧化をもとに中国の近代化が進められた。

参考文献

『中国の実験』(エズラ・F・ヴォーゲル / 日本経済新聞社)

『広東省』(辻康吾 / 弘文堂)

『中国の歴史散歩 4』(山口修 / 山川出版社)

『中国歴史紀行』(陶野文明 / 決断)

『広州農民運動講習所址』(貝塚茂樹 / 改造)

『中国の歴史 9 人民中国の誕生』(野村浩一 / 講談社)

『世界の歴史 19 中華帝国の危機』(並木頼寿・井上裕正 / 中央公論社)

『特集 仰天的中国 アメイジング・チャイナ』(建築文化)

『世界大百科事典』(平凡社)

[PDF] 広州地下鉄路線図 http://machigotopub.com/pdf/guangzhoumetro.pdf

[PDF] 広州白雲空港案内 http://machigotopub.com/pdf/guangzhouairport.pdf

[PDF] 広州地下鉄歩き http://machigotopub.com/pdf/metrowalkguangzhou.pdf

まちごとパブリッシングの旅行ガイド

Machigoto INDIA , Machigoto ASIA , Machigoto CHINA

【北インド - まちごとインド】

001 はじめての北インド
002 はじめてのデリー
003 オールド・デリー
004 ニュー・デリー
005 南デリー
012 アーグラ
013 ファテープル・シークリー
014 バラナシ
015 サールナート
022 カージュラホ
032 アムリトサル

【西インド - まちごとインド】

001 はじめてのラジャスタン
002 ジャイプル
003 ジョードプル
004 ジャイサルメール
005 ウダイプル
006 アジメール(プシュカル)
007 ビカネール
008 シェカワティ
011 はじめてのマハラシュトラ
012 ムンバイ
013 プネー
014 アウランガバード
015 エローラ
016 アジャンタ
021 はじめてのグジャラート
022 アーメダバード
023 ヴァドダラー(チャンパネール)
024 ブジ(カッチ地方)

【東インド - まちごとインド】

002 コルカタ
012 ブッダガヤ

【南インド - まちごとインド】

001 はじめてのタミルナードゥ
002 チェンナイ
003 カーンチプラム
004 マハーバリプラム
005 タンジャヴール
006 クンバコナムとカーヴェリー・デルタ
007 ティルチラパッリ
008 マドゥライ
009 ラーメシュワラム
010 カニャークマリ
021 はじめてのケーララ
022 ティルヴァナンタプラム
023 バックウォーター(コッラム〜アラップーザ)
024 コーチ(コーチン)
025 トリシュール

【ネパール - まちごとアジア】

001 はじめてのカトマンズ
002 カトマンズ
003 スワヤンブナート

004 パタン
005 バクタプル
006 ポカラ
007 ルンビニ
008 チトワン国立公園

【バングラデシュ - まちごとアジア】

001 はじめてのバングラデシュ
002 ダッカ
003 バゲルハット（クルナ）
004 シュンドルボン
005 プティア
006 モハスタン（ボグラ）
007 パハルプール

【パキスタン - まちごとアジア】

002 フンザ
003 ギルギット（KKH）
004 ラホール
005 ハラッパ
006 ムルタン

【イラン - まちごとアジア】

001 はじめてのイラン
002 テヘラン
003 イスファハン
004 シーラーズ
005 ペルセポリス
006 パサルガダエ（ナグシェ・ロスタム）
007 ヤズド
008 チョガ・ザンビル（アフヴァーズ）
009 タブリーズ

010 アルダビール

【北京 - まちごとチャイナ】

001 はじめての北京
002 故宮（天安門広場）
003 胡同と旧皇城
004 天壇と旧崇文区
005 瑠璃廠と旧宣武区
006 王府井と市街東部
007 北京動物園と市街西部
008 頤和園と西山
009 盧溝橋と周口店
010 万里の長城と明十三陵

【天津 - まちごとチャイナ】

001 はじめての天津
002 天津市街
003 浜海新区と市街南部
004 薊県と清東陵

【上海 - まちごとチャイナ】

001 はじめての上海
002 浦東新区
003 外灘と南京東路
004 淮海路と市街西部
005 虹口と市街北部
006 上海郊外（龍華・七宝・松江・嘉定）
007 水郷地帯（朱家角・周荘・同里・甪直）

【河北省 - まちごとチャイナ】

001 はじめての河北省
002 石家荘
003 秦皇島
004 承徳
005 張家口
006 保定
007 邯鄲

【江蘇省 - まちごとチャイナ】

001 はじめての江蘇省
002 はじめての蘇州
003 蘇州旧城
004 蘇州郊外と開発区
005 無錫
006 揚州
007 鎮江
008 はじめての南京
009 南京旧城
010 南京紫金山と下関
011 雨花台と南京郊外・開発区
012 徐州

【浙江省 - まちごとチャイナ】

001 はじめての浙江省
002 はじめての杭州
003 西湖と山林杭州
004 杭州旧城と開発区
005 紹興
006 はじめての寧波
007 寧波旧城
008 寧波郊外と開発区
009 普陀山
010 天台山
011 温州

【福建省 - まちごとチャイナ】

001 はじめての福建省
002 はじめての福州
003 福州旧城
004 福州郊外と開発区
005 武夷山
006 泉州
007 厦門
008 客家土楼

【広東省 - まちごとチャイナ】

001 はじめての広東省
002 はじめての広州
003 広州古城
004 天河と広州郊外
005 深圳（深セン）
006 東莞
007 開平（江門）
008 韶関
009 はじめての潮汕
010 潮州
011 汕頭

【遼寧省 - まちごとチャイナ】

001 はじめての遼寧省
002 はじめての大連
003 大連市街
004 旅順
005 金州新区

006 はじめての瀋陽
007 瀋陽故宮と旧市街
008 瀋陽駅と市街地
009 北陵と瀋陽郊外
010 撫順

【重慶 - まちごとチャイナ】

001 はじめての重慶
002 重慶市街
003 三峡下り（重慶〜宜昌）
004 大足

【香港 - まちごとチャイナ】

001 はじめての香港
002 中環と香港島北岸
003 上環と香港島南岸
004 尖沙咀と九龍市街
005 九龍城と九龍郊外
006 新界
007 ランタオ島と島嶼部

【マカオ - まちごとチャイナ】

001 はじめてのマカオ
002 セナド広場とマカオ中心部
003 媽閣廟とマカオ半島南部
004 東望洋山とマカオ半島北部
005 新口岸とタイパ・コロアン

【Juo-Mujin（電子書籍のみ）】

Juo-Mujin 香港縦横無尽
Juo-Mujin 北京縦横無尽
Juo-Mujin 上海縦横無尽

【自力旅游中国 Tabisuru CHINA】

001 バスに揺られて「自力で長城」
002 バスに揺られて「自力で石家荘」
003 バスに揺られて「自力で承徳」
004 船に揺られて「自力で普陀山」
005 バスに揺られて「自力で天台山」
006 バスに揺られて「自力で秦皇島」
007 バスに揺られて「自力で張家口」
008 バスに揺られて「自力で邯鄲」
009 バスに揺られて「自力で保定」
010 バスに揺られて「自力で清東陵」
011 バスに揺られて「自力で潮州」
012 バスに揺られて「自力で汕頭」
013 バスに揺られて「自力で温州」

【車輪はつばさ】
南インドのアイラヴァテシュワラ寺院には建築本体に車輪がついていて寺院に乗った神さまが人びとの想いを運ぶと言います。

- 本書はオンデマンド印刷で作成されています。
- 本書の内容に関するご意見、お問い合わせは、発行元の
  まちごとパブリッシング info@machigotopub.com までお願いします。

まちごとチャイナ
広東省004天河と広州郊外
~一体化が進む「華南の扇へ」[モノクロノートブック版]

2017年11月14日　発行

著　者	「アジア城市（まち）案内」制作委員会
発行者	赤松　耕次
発行所	まちごとパブリッシング株式会社 〒181-0013　東京都三鷹市下連雀4-4-36 URL http://www.machigotopub.com/
発売元	株式会社デジタルパブリッシングサービス 〒162-0812　東京都新宿区西五軒町11-13 清水ビル3F
印刷・製本	株式会社デジタルパブリッシングサービス URL http://www.d-pub.co.jp/

MP112

ISBN978-4-86143-246-0 C0326　　　Printed in Japan
本書の無断複製複写（コピー）は、著作権法上での例外を除き、禁じられています。